AF336251

A NOS COMMETTANS.

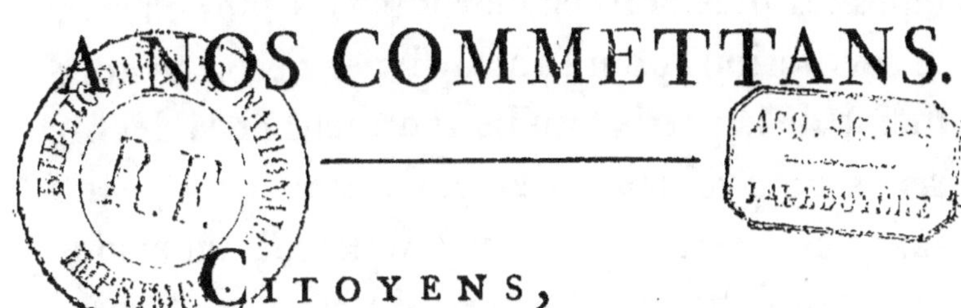

Citoyens,

Des séditieux ont attenté à la liberté de la convention; l'intégrité de la représentation nationale a été violée; son autorité a été méconnue; son pouvoir, qui est le vôtre, a été usurpé par une administration qu'elle avoit établie pour une surveillance déterminée, et qui, s'élevant audacieusement au-dessus de la convention, a osé lui dicter des lois, et armer des citoyens pour se faire obéir.

Égalité, liberté, unité indivisibilité de la république, sûreté des persónnes, respect pour les propriétés, voilà les principes chers et sacrés auxquels se rallient tous les vrais François, et ce sont aussi ceux que nous invoquons contre les agitateurs et les factieux. Citoyens, entendez le récit des faits, et prononcez.

Il entroit dans les projets des ennemis de la république, d'avilir, de diviser et de dissoudre la convention nationale. Ils ont essayé tous les moyens, pris toutes les formes, abusé des principes les plus vrais et des noms les plus chers à la révolution, pour l'anéantir; et c'étoit au nom même de la patrie, qu'ils tentoient de la déchirer. La surveillance des bons citoyens, épiant sans cesse cette horde conspiratrice, avoit souvent fait échouer ses projets désastreux et liberticides (1) ; cependant ce feu séditieux se rallumoit toujours. La convention nationale sentit enfin la nécessité de l'étouffer, ou de périr avec la liberté. Le comité de salut public, instruit par des citoyens zélés et vraiment patriotes, ne put dissimuler à la convention les dangers qui l'environnoient, et les trames qu'on ourdissoit pour la perdre. Il provoqua la formation d'une commission extraordinaire, qui seroit chargée de rechercher et de suivre dans toutes ses ramifications ce projet conspirateur, et de s'assurer des auteurs et des complices. Cette commission fut établie, et ses recherches ne furent pas inutiles. Elle crut trouver dans le sein même du corps municipal, un de ces agitateurs; elle crut en rencontrer dans une des sections de Paris;

---

(1) Le complot contre la représentation nationale avoit été dénoncé le 10 mars à la convention, par la municipalité et le ministre de l'intérieur. *Voyez* le décret rendu à cette occasion, du 22 mars.

elle donna ordre de les arrêter. (Le ministre chargé de l'exécution du mandat, exposa la commission en le faisant exécuter pendant la nuit, contre la défense expresse de la loi ; mais la faute étoit toute à lui : le mandat lui avoit été remis à temps de le faire exécuter pendant le jour). Les fils du complot étoient dans les mains de la commission, tout alloit être dévoilé, le rapporteur du comité l'avoit assuré sur sa tête ; mais les conspirateurs se sentirent atteints. Trop coupables pour offrir et pour espérer une justification, ils se hâtèrent de rallier autour d'eux, en abusant et du nom sacré de la liberté, et de celui des droits de l'homme, qu'ils prétendoient avoir été violés, une foule de citoyens égarés et prévenus, qui, réunis tantôt à quelques sections, tantôt à la municipalité, tantôt au département, vinrent demander à la Convention la liberté des coupables et la suppression de la commission. Une grande partie des membres de l'assemblée vouloit entendre, avant tout, le rapport que le comité offroit de lui faire : les réclamations furent inutiles. Trois ou quatre cents pétitionnaires s'étoient introduits dans la salle des séances, et cédant à l'obsession et à la fatigue d'une longue agitation, la majorité parut décréter, par *assis* et *levé*, la liberté des prévenus, et la suppression de la commission qui n'avoit pu être entendue. Ce décret étoit fondé sur l'erreur : le lendemain il fut rapporté par *appel nominal*, et la commission fut maintenue jusqu'à ce qu'elle eût fait son rapport.

Cependant les factieux s'agitoient en tous sens, pour empêcher ou prévenir un rapport qui devoit les décéler. Envain le rapporteur du comité fit-il des efforts pour être entendu : les tribunes ne le permirent pas. Il fallut céder au bruit et aux huées qu'un seul mot de sa part avoit fait recommencer dix fois, et toujours d'une manière plus indécente et plus révoltante (1).

Ce silence forcé de la commission fit reprendre haleine aux agitateurs. Les comités de surveillance, établis par la convention, dans chaque section, pour veiller sur les étrangers et sur les personnes suspectes, avoient pris un nom plus imposant et plus propre à leurs desseins : ils s'étoient qualifiés du titre de *comités révolutionnaires*. On fit un extrait de cette nouvelle autorité, et on composa un comité central qui prit le nom de *conseil révolutionnaire*. La con-

---

(1) Malgré trois décrets qui avoient été rendus pour qu'il fût entendu.

vention n'avoit été instruite de cette innovation, ni par le département, ni par le ministre, ni par la municipalité, sous les yeux de laquelle ce prétendu conseil révolutionnaire existoit. Tout étoit d'intelligence, tout étoit mystère ; tout se passoit dans l'ombre et dans le secret. Mais enfin, ce corps usurpateur, lorsqu'il se crut assez puissant pour se montrer à découvert, se présenta à la barre de la convention (le 30 mai), demanda, commanda, intima l'ordre aux représentans du peuple de supprimer la commission, et ce fut au milieu de pétitionnaires armés, au milieu des huées et des trépignemens des tribunes, que quelques membres prononcèrent cette suppression.

Cette première démarche n'étoit que dispositive et préparatoire. Le 31 mai, le conseil révolutionnaire fait battre le rappel et la générale dans les sections ; le tocsin sonne de toutes parts ; on tire le canon d'alarme ; tous les citoyens courent aux armes, et reçoivent l'ordre de se rendre autour de la salle des séances de la convention. Quelques députations se présentent et demandent le décret d'accusation contre les vingt-deux membres originairement dénoncés par la municipalité et par plusieurs commissaires de sections ; elles demandent encore le décret d'accusation contre les membres de la commission extraordinaire.

La dénonciation de la municipalité et des sections avoit été rejettée comme calomnieuse (1), et cependant les pétitionnaires obtiennent le renvoi de leur demande au comité de salut public, pour en faire son rapport sous trois jours ; mais ce délai , ce rapport inquiétoient les factieux : il leur falloit une marche plus rapide, et sur-tout moins éclairée.

Le premier juin, le *conseil révolutionnaire*, qui s'étoit déjà emparé de tous les pouvoirs, qui avoit feint de casser la municipalité pour en réélire les membres incontinent, afin qu'ils se regardassent tous comme des enfans de sa création, qui, depuis le 30 mai, tenoit les barrières de Paris fermées ; qui avoit suspendu les administrateurs des postes, arrêté les journaux, retardé les couriers, fait ouvrir les paquets, décacheté et recacheté les lettres des citoyens, et avoit osé y apposer son cachet de sédition, portant pour exergue : *Révolution du 31 mai*

______

(1) Voir le décret de la convention à ce sujet.

1793 (1); le conseil révolutionnaire, disons-nous, réunit les citoyens en armes, fait entourer le palais national, et vient à la barre de la convention demander le décret d'accusation contre les membres dénoncés. La convention lui rappelle son décret de renvoi au comité, et ordonne aux pétitionnaires, d'après leurs propres offres, de déposer les preuves des délits qu'ils imputent aux membres inculpés.

Le comité de salut public attendoit toujours les preuves annoncées pour faire son rapport; mais le *conseil révolutionnaire* s'en inquiétoit peu. Il se présente de nouveau à la barre le 2 juin, et il déclare que c'est *pour la dernière fois ;* il y renouvelle la demande du décret d'accusation contre les membres précédemment dénoncés. L'assemblée passe à l'ordre du jour par les motifs déjà rapportés. Les pétitionnaires quittent la salle des séances, en disant que puisqu'on ne veut pas sauver le peuple, il va se sauver lui-même ; les tribunes répètent les mêmes propos, et obéissent au signal de sortir, donné par cette députation.

---

(1) On a toujours continué l'ouverture et la visite des paquets et des lettres.

A midi , le tocsin sonne, la générale bat , les citoyens prennent les armes, sans connoître le sujet de ce nouveau mouvement : ils se rendent , sous les ordres du commandant provisoire *Henriot*, autour du lieu des séances de la convention. Cent cinquante pièces de canon entourent le palais national ; des boulets , des grils sont amoncelés et déposés aux Champs-Élysées ; on place aux entrées de la convention, des hommes dévoués et choisis ; on met aux distances les plus éloignées , dans des corps-de-garde , sur des places , les citoyens qui , de plus près , auroient pu s'éclairer, et nuire aux projets dont on disposoit l'exécution (1). Les canons sont braqués , toutes les issues closes et gardées ; on consigne les députés, on leur interdit même la faculté d'approcher des croisées, on repousse ceux qui se présentent ; un d'entr'eux a ses vêtemens déchirés par les gardes ; et tous ceux qui tentent de sortir , même pour les plus pressans besoins, sont insultés, rebutés par tous ces satellites du conseil révolutionnaire. On recon-

---

(1) Deux jours après , les citoyens se demandoient encore entr'eux , quelle avoit été la cause de leur rassemblement.

noît, parmi les troupes employées, des bataillons qui avoient dû partir quelques jours aupa-
ravant pour la Vendée, et qu'on avoit fait ré-
trograder, ou qu'on avoit retenus à dessein dans
les casernes qui avoisinent Paris. Du pain, des
vivres, des assignats, dont le conseil révolutionnaire avoit eu soin de faire l'approvisionne-
ment, leur sont distribués par ses ordres.

La convention demande que le comité de
salut public fasse son rapport. Mais il n'a point
reçu les preuves annoncées; il se borne, par
l'organe d'un de ses membres, à donner un conseil aux députés dénoncés, et à les engager à
offrir eux-mêmes leur suspension, par amour
pour la paix et la tranquillité publique.

Quelques-uns d'entr'eux se rendent à cette
invitation : d'autres exposent qu'ils ne s'appartiennent point à eux-mêmes, sous le rapport de
leurs fonctions; qu'ils appartiennent à la république; que la convention peut prononcer sur
leur sort, qu'ils obéiront; mais que pour eux,
leur devoir est de rester à leur poste. On renouvelle les plaintes de la captivité dans laquelle
la convention est retenue; le commandant provisoire est mandé, il n'obéit pas. Deux membres sont insultés par des sentinelles; on dé-

crète qu'elles seront traduites à la barre ; elles résistent et n'obéissent pas. Alors trois membres du comité de salut public (1) déclarent, et un grand nombre des membres de la convention avec eux, qu'il n'y a plus de convention dès qu'il n'y a plus de liberté ; que le temple des lois doit être fermé dans ce moment d'oppression. La séance est suspendue : le président sort à la tête de la convention ; il parvient, sans résistance, jusqu'au milieu de la cour où étoit placé, entouré de ses aides-de-camp, le commandant provisoire *Henriot*. Le président lui ordonne de rendre le passage libre ; Henriot s'y refuse, et sans reconnoître la qualité de président de la convention, il prononce ces mots : « *Hérault*, tu as bien servi le peule, il espère « que tu continueras à le bien servir. Ce peuple « s'est levé pour demander le décret d'accusa- « tion ou d'arrestation contre tous les membres « de la convention qui ont été dénoncés, il ne « se retirera qu'après que ce décret aura été « rendu, et qu'après qu'il aura été expédié ». Le président répond que la convention ne reçoit d'ordre de personnne, et il s'avance. Henriot

----

(1) Barère, Lacroix et Cambon.

s'éloigne de quelques pas , avec sa troupe, à cheval, en criant : *Aux armes ! canonniers à vos postes* ! il est obéi. Ses aides-de-camp mettent le sabre à la main ; le président rétrograde. C'eût été peut-être , citoyens , le moment d'affronter le danger et de mourir , mais la liberté pouvoit périr avec la convention ; il falloit préférer de garder le poste que vous lui aviez confié , sur lequel le regard dévorant de l'ambition étoit peut-être déjà fixé , il falloit vivre enfin pour sauver la patrie.

La convention se porta vers les bataillons des gardes nationaux , elle en parcourut les rangs aux cris de *Vive la république, une et indivisible.* (Quelques clameurs de proscription se mêlèrent cependant à ces expressions patriotiques). Toutes les issues furent trouvées closes et gardées dans la cour et dans le jardin du palais national ; le passage fut refusé au Pont-Tournant, comme il l'avoit été par-tout. *Marat* accourut dans la crainte qu'il ne fût rendu libre ; il étoit suivi de quelques hommes et d'enfans qui crioient *vive Marat....* Il s'adresse à la convention , il la somme de retourner au lieu de ses séances. La convention continue sa marche, visite tous les postes, et trouve toutes les portes fermées et défendues ; enfin, elle se rend au lieu de ses séances, où, malgré la réclamation de beaucoup de ses membres, le décret d'arrestation fut porté contre vingt-neuf députés qui restèrent compris sur la liste, d'après les amendemens et les remplacemens proposés par *Marat et Couthon*.

Enfin, le décret ayant été rendu et expédié, une députation se présenta incontinent pour en témoigner sa satisfaction, et offrir un nombre de citoyens, égal à celui des détenus, pour servir d'ôtages. On rejette cette offre honteuse, la consigne est levée définitivement, et la convention sort de sa captivité à onze heures du soir.

Distinguez bien, citoyens, les bons républicains de Paris, cette cité qui a tant mérité de la patrie, de cette tourbe d'agitateurs qui la tourmentent et la désolent. Soyez toujours unis avec les citoyens de Paris ; qu'ils ne cessent point d'être vos frères et vos amis ; que pour le triomphe de la liberté, et contre les attentats de l'oppression, votre cause soit toujours commune, et que les tyrans et les séditieux disparoissent.

Citoyens, voilà les faits. Dites maintenant

quels sont les amis de la république ? Quels sont les oppresseurs ? quels sont les opprimés ? Et souvenez-vous, comme nous ne l'oublierons jamais nous-mêmes, que la destinée d'un peuple qui veut et qui sait être libre, ne doit pas être dans la dépendance d'une poignée de factieux. Nous le répétons, citoyens : Unité, indivisibilité de la république ; mais aussi la liberté, l'obéissance aux lois, et le respect pour la représentation nationale, ou la mort.

S A L U T et F R A T E R N I T É.

Les députés soussignés du département de la Manche, à la convention nationale.

J. POISSON, RIBET, SAUVÉ, PINEL, BONNESŒUR, ENGERRAN, J. M. HUBERT, LAURENCE, RÉGNAULD, BRETEL.

A Paris, le 5 juin 1793, l'an second de la république, une et indivisible.